DES RAPPORTS

ENTRE

L'ANCIEN PARTI LÉGITIMISTE

ET

LA RÉPUBLIQUE

DES RAPPORTS

ENTRE

L'ANCIEN PARTI LÉGITIMISTE

ET

LA RÉPUBLIQUE

PAR

HENRI DE VIREL

PARIS

IMPRIMERIE CLAYE ET TAILLEFER

RUE SAINT-BENOIT, 7.

1848

DES RAPPORTS

ENTRE

L'ANCIEN PARTI LÉGITIMISTE

ET

LA RÉPUBLIQUE

Notre pays vient d'offrir un spectacle singulier, et, si je ne me trompe, fort digne d'études. Divisé il y a peu de jours en plusieurs partis ennemis les uns des autres et en apparence inconciliables, différents d'origine comme de tendances, on a vu tout à coup sous le choc d'un immense événement, j'oserai dire d'une immense surprise politique, les nuances s'effacer et les diverses forces du pays changer en quelque sorte de place dans la balance sociale. Faut-il pour cela admettre que les anciens éléments soient dissous ? Ce serait, je crois, une erreur. La force de cohésion qui les avait formés existe encore pour longtemps, bien que visiblement affaiblie. Cette force vient de causes fort lentes à détruire, de l'histoire du pays, de ses habitudes, de ses mœurs, de l'organisation elle-même de la société. Sans doute l'influence dissolvante existe, nul ne saurait le nier. En présence des événements qui viennent de se produire, de l'impulsion désormais peut-être irrésistible, non-seulement en dedans de nos frontières, mais encore au dehors, qu'ils ont donnée aux doctrines sur lesquelles se fonde la société nouvelle, il est à souhaiter que le travail de fusion et d'homogénéité auquel nous assistons fasse des progrès rapides. C'est en ce sens que chacun de nous doit agir. C'est pourquoi il importe d'étudier séparément la nature de chacun des grands partis qui, chez nous, ont tour à tour possédé le pouvoir, et qui, après l'avoir perdu, ont lutté pour le regagner; de distinguer ce qui dans leurs idées est vivace de ce qui est caduc, ce qui est conventionnel de ce qui est fondamental, afin de bien déterminer le terrain sur lequel peut et doit se faire la transaction, les obstacles qu'elle est exposée à rencontrer, les moyens qu'il convient d'employer pour y parvenir.

Je me propose d'étudier ici l'ancien parti légitimiste, son attitude en face du pouvoir nouveau, la conduite que ce pouvoir doit tenir à son égard, et le rôle qu'il peut être appelé à jouer dans les événements que renferme l'avenir. Dans ce travail fait à la hâte je ne pourrai aborder que sommairement ces grandes questions. Les événements nous emportent avec une vitesse qui interdit les longues réflexions, et permet à peine de jeter quelques mots à travers la tempête.

Il serait inutile de se dissimuler l'importance incontestable de ce parti qui renferme encore aujourd'hui en son sein une portion considérable des forces vives du pays. Il a subi de grands échecs, mais il possède encore de grandes ressources. La preuve en est en ce qu'il a survécu à des catastrophes, à des ébranlements qui eussent renversé de fond en comble un édifice de solidité médiocre. Il tient au sol par des racines très-profondes. Il jouit sur les populations rurales de certaines provinces d'une influence sans rivale, due, partie à ses vertus privées, partie aux souvenirs dont il est le représentant. Sa propre stabilité lui donne un secret prestige aux yeux de la foule, et la porte, à son insu, à regarder ce parti comme le vrai dépositaire des idées d'ordre nécessaires au maintien du corps social. Sa force de cohésion est extrême, et suffit à le mettre fort au-dessus du parti orléaniste, assemblage confus d'atomes politiques encore mal adhérents. Les anciens légitimistes ont reçu, il est vrai, peu d'adjonctions dans l'espace des dix-huit années que nous venons de traverser. Mais d'autre part ils n'ont éprouvé qu'un petit nombre de défections. Plusieurs causes y maintiennent un esprit de corps qui semble un dernier vestige de discipline militaire. Ajoutez un profond sentiment de leur dignité morale puisé dans la constance avec laquelle ils ont supporté leur disgrâce, et dans leur longue résistance aux séductions incessamment offertes du pouvoir, un certain caractère chevaleresque qui donne à leurs affections politiques les plus irréfléchies la gravité et la couleur d'une croyance religieuse, et à leurs personnes quelques reflets des héros jacobites du romancier écossais. Il faut reconnaître, en outre, que leur éducation politique s'est grandement perfectionnée durant ces dernières années. Il est hors de doute que dans le silence de la retraite plusieurs d'entre eux ont lu, réfléchi, se sont initiés aux secrets de l'histoire et de la politique, et l'on peut s'attendre à voir sortir de leurs rangs, dans le tourbillon des affaires nouvelles, un certain nombre d'hommes positivement distingués, qui uniront le savoir-vivre héréditaire de leurs familles à la noblesse de caractère, à la portée d'esprit et d'instruction. Grâce à leur influence, les idées du parti se sont modifiées et ont divisé la famille légitimiste en trois écoles unies entre elles par des relations de parenté très-étroites et des sympathies mutuelles, mais séparées, cependant, par une différence de nuance parfaitement sensible. Ces trois nuances ont chacune leur journal, à savoir : l'*Union*, la *Gazette*, l'*Univers*. Il existe, il est vrai, un quatrième journal, plus répandu même que les trois autres. Mais ce journal, totalement dénué de couleur propre, totalement dénué d'initiative, totalement dénué d'idées, ne dit rien, ne pense rien que par écho de l'un des trois autres, principalement de l'*Univers*. Il ne prend pas part à la bataille. Il se tient à l'écart à la façon d'un chœur de femmes et de vieillards dans une tragédie antique. Je crois que nous pouvons l'omettre sans inconvénients, sans même qu'il cherche à s'en formaliser ; car je ne pense pas qu'il ait jamais existé un journal doué d'un caractère moins irascible. L'habile homme qui le dirige depuis longues années s'adresse à une classe de gens toute particulière que j'appellerai les invalides de la politique, et dont il a saisi le caractère avec une sagacité digne d'admiration. Il aura l'avantage, après les avoir honnêtement nourris de son excellent pain semi-quotidien durant plus de vingt années, après les avoir reçus à son bord, comme au sein d'une nef immobile au milieu du torrent des âges, des idées et des révolutions, de les déposer précisément au point du rivage où ils se sont primitivement embarqués.

Donc, pour ne nous occuper que des journaux légitimistes vivant d'une vie propre, représentant un système d'idées particulier, de ceux enfin qui prennent une part active à la bataille politique, ces journaux, dis-je, se réduisent aux trois que j'ai nommés. Je rendrais peut-être raison des relations qui rattachent l'une à l'autre ces trois écoles, en disant qu'elles ont entre elles un traité d'alliance défensif, mais non offensif.

Parlons d'abord de l'*Union*. Cet honneur lui est dû premièrement parce qu'elle est la gardienne la plus pure, la moins modifiée, des anciennes traditions; secondement parce qu'en général elle s'adresse à la partie la plus élevée, la plus aristocratique de la famille légitimiste, aux débris de l'ancienne cour. On peut dire qu'elle est l'organe principal des salons nobles de Paris, ainsi que de la noblesse ci-devant titrée. Je parle en général. On sent qu'il y a de nombreuses exceptions que je ne prétends pas contester.

Entre les mains fidèles de *l'Union*, l'antique dogme du droit divin n'a subi nulle atteinte. Il est demeuré pleinement intact. Du moins il l'était encore lorsqu'a éclaté l'étonnante révolution qui nous a donné la République. Nous verrons tout à l'heure comment cet événement a modifié son front de bataille.

Immobile et inflexible en ce qui concerne les devoirs des peuples envers la royauté, *l'Union* a fait de larges transactions en ce qui concerne les devoirs de la royauté envers les peuples, et l'on peut admettre qu'une Charte octroyée par elle serait sincèrement libérale. La grande révolution de 89, de même que celle de 1830, n'ont pas été perdues pour elle. Elle admet les modifications sociales qui en sont résultées, et contre lesquelles, par le temps qui court, nulle puissance humaine ne saurait entrer en lutte. Elle les admet, bien que ces modifications aient tourné à son détriment plus qu'à celui d'aucun autre. Sans nul doute il y a fort loin d'elle à ces gens dont on disait qu'ils n'avaient rien oublié ni rien appris. Car elle a beaucoup appris et beaucoup oublié. Elle est religieuse sans être positivement dévote. Elle comprend et admet toutes les libertés, sans être,—ceci est une supposition de ma part, — sans être, dis-je, grandement éprise d'aucune, comme une concession nécessaire à l'esprit du temps. Elle acceptera toutes les transactions, hormis une seule, la plus fondamentale de toutes, il est vrai, celle de la souveraineté du peuple, qu'elle n'a jamais voulu accepter, et qu'elle regarde comme la porte par où soufflent les tempêtes.

Sous le régime orléaniste, ce journal devait être considéré comme le confident le plus intime de Goritz, et avait à ce titre une grande importance politique. La chute de ce régime odieux, et à jamais incompatible avec ses idées, lui a été particulièrement agréable. — « J'ai eu le bonheur, me disait le lendemain de la dernière révolution un des fondateurs de ce journal, de mettre Louis-Philippe en voiture à deux pas de la place de l'échafaud de Louis XVI. » Cette expulsion, regardée par elle comme un acte de justice, et en quelque sorte comme un don de joyeux avénement de la République, l'a disposée à des concessions que l'on n'eût pas attendues d'elle, qu'elle n'eût peut être pas faites si elle n'eût compris, comme tous, la gravité infinie de la question sociale.

— « Eh bien, soit! a-t-elle dit. Vous voulez la République; ayez-la. Je ne renonce pas absolument à mon principe que je persiste à regarder comme le bon. Je le suspends. Je suis convaincue que votre gouvernement ne vivra pas. Mais enfin essayons-en. Je ne vous ferai pas obstacle. Je ne me bornerai même pas à vous regarder agir, j'agirai avec vous. Je vous aiderai à donner l'ordre, c'est-à-dire à vivre; car un gouvernement qui ne réussit pas à donner l'ordre est condamné à périr. Je ne vous demande qu'une chose : le maintien de la société. Faisons donc loyalement l'épreuve en commun. Mais, si vous ne réussissez pas, il sera entendu que vous vous tiendrez pour battus. »

A l'heure qu'il est l'*Union* fait partie de la garde nationale. Elle monte sa garde. On peut même être assuré qu'elle la montera vaillamment.

Si l'épreuve réussit, que deviendra l'*Union*? que dira-t-elle? Je n'en sais rien. Elle ne le sait probablement pas elle-même. Je ne vois pas d'issue pour elle. Sa ténacité l'a engagée dans une impasse. La suspension de son principe deviendra en ce cas l'équivalent d'une renonciation, et dès maintenant son concours me semble, sous le rapport pratique, chose identique à une adhésion.

La *Gazette* a peu de crédit à Paris. La noblesse trouve qu'elle va trop loin et la regarde comme trop aventureuse; le peuple s'en méfie. Dans les jours qui suivirent la dernière révolution, je me rappelle qu'un garçon robuste et déterminé, chargé de la répandre sur les boulevards, prenant la chose en homme de belle humeur, et masquant sa témérité sous un air de jovialité, criait : — « La *Gazette*, messieurs, la *Gazette* pour un bout de cigare ! » La tentative, à ce qu'il paraît, ne fut pas heureuse, car elle ne fut pas renouvelée les jours suivants.

L'appui de la *Gazette*, ses hommes, ses idées, sont ailleurs, sa force est en province. Elle s'adresse principalement aux avocats, aux négociants, à la portion de la bourgeoisie demeurée fidèle à la branche aînée, par-dessus tout à la nombreuse classe des gentilshommes de campagne, celle que les Anglais ont nommée *country gentlemen*. Elle les traite selon leurs goûts qui, en plusieurs provinces, anciennement pays d'États, ont de tout temps été quelque peu revêches au pouvoir central. Elle leur parle de la résurrection des provinces, des franchises provinciales. Que l'on sache bien que notre petite noblesse ne ressemble en rien pour les goûts, les idées, la position sociale enfin, à ses analogues Anglais. Ceux-ci sont fort riches ; nos gentilshommes sont en général fort pauvres. Les uns ont beaucoup de morgue, les autres n'en ont pas du tout. On en rencontre bon nombre qui ne daignent pas se mêler aux fêtes du peuple de leurs campagnes, qui se font une habitude de fréquenter les foires, les noces de village, chassant d'ailleurs en grand cortége de paysans, parfois revêtus du même costume, et buvant sec. Leurs manières s'altèrent quelque peu à ce contact, leur dignité en souffre; leur influence, au contraire, s'en accroît singulièrement, au delà de ce que pourraient imaginer ceux qui n'en ont pas été témoins. Ils ont d'ailleurs cette différence capitale avec les Anglais, que ceux-ci sont trop fiers de leur position dans la hiérarchie sociale de leur pays, pour ne pas y être profondément attachés, et pour ne pas accepter un degré social supérieur au leur, à condition d'en compter plusieurs au-dessous. Le contraire a lieu en France où nos gentilshommes sont instinctivement jaloux de toute position qui semble les dominer de quelque peu, et accepteraient mille fois plus volontiers l'égalité de tous que la supériorité de quelques-uns. Je sais tel homme de grande famille qui s'est perdu dans sa province pour y avoir voulu faire sentir ses avantages. Ce terrain, on le voit, est merveilleusement propre à faire germer les idées de liberté et d'égalité. La doctrine démocratique, pour peu que l'on cache son nom, et que l'on s'y prenne avec adresse, y prendra facilement racine.

C'est ce qu'a senti la *Gazette.* C'est ce qu'elle a fait avec un art admirable; à tel point que la chose est maintenant consommée, sans qu'une bonne part de ces messieurs s'en soient aperçus. Qu'est-ce, en dernière analyse, que la démocratie? c'est le règne des majorités sans acception de classes. Et le règne lui-même des majorités, qu'est-ce autre chose que la souveraineté du peuple? La *Gazette* qui, en dépit d'une certaine lourdeur de style, a infiniment d'esprit, a légèrement changé le nom de la chose. Elle l'a appelée souveraineté nationale. Puis dans un style abstrait parfaitement approprié à la circonstance, vu qu'une bonne part encore de ses lecteurs n'y a rien compris, et n'y devait même rien comprendre, elle a longuement disserté et développé sa théorie. Le tour était joué; la théorie reçue par nombre de gens auxquels les écrits éminents ayant trait à cet immense phénomène social, sont aussi complétement inconnus que ce phénomène lui-même est inaperçu.

Encore une fois, ce que je dis ici des Genoudistes s'applique à quelques-uns, à beaucoup si l'on veut, mais non à tous. Il y a parmi eux des hommes fort distingués auxquels nulle connaissance n'est étrangère. C'est peut-être même là que l'on en trouvera le plus grand nombre, et j'ose espérer que la Constituante nouvelle donnera la preuve de mon assertion.

Cette école, enfantée peut-être en haine du système orléaniste, assurément propagée grâce à cette haine, n'avait nul moyen de décliner logiquement une République issue du vote universel. Elle l'a donc acceptée avec surprise, mais sans hésitation. Elle n'a pas eu besoin, comme la précédente, de suspendre son principe. Elle n'a eu qu'à suivre ses conséquences rigoureuses; et pour se trouver de plain-pied sur ce terrain difficile, rendez-vous forcé de tous, elle n'a pas été contrainte, comme sa sœur aînée, de sauter par la fenêtre. Elle a trouvé devant elle une porte tout ouverte, et elle l'a franchie sans qu'il soit résulté pour elle de meurtrissure. Cet avantage est extrême : elle arrive saine et fraîche dans le champ-clos. La *Gazette* est donc républicaine autant que qui que ce soit. Le piége qu'elle avait tendu au roi déchu l'a prise elle-même et entraînée au delà de ses affections. Quoi qu'il en soit, elle ne peut désormais reculer. Elle ne s'y trompe pas. Elle a fait adhésion. Ce mot qui choque très-fort sa sœur aînée n'implique en réalité rien au delà de ce que

2

celle-ci elle-même compte faire. La souveraineté
nationale, en effet, se meut dans une carrière
assez vaste pour que toutes les formes gouverne-
mentales y soient renfermées. En tant que pratique, entre les partisans des deux doctrines tenez
pour certain que la différence est nulle. En tant
que théorie, l'une aborde les choses du côté de
la réalité, l'autre du côté de la fiction : or, le
temps des fictions est passé.

Tout en affirmant la sincérité des sympathies
républicaines de la *Gazette*, reconnaissons qu'elle
y met les mêmes réserves que l'*Union*. Elle ac-
cepte une République régulière, et non une autre.
Ses partisans sont tous propriétaires, vivant en
parfaite intelligence avec leur curé et ses vicaires.
Son directeur lui-même est prêtre catholique :
93 leur fait à tous une peur affreuse, et ils ont
raison. Assez intelligents pour voir qu'une autre
voie est possible, assez patriotes pour y suivre
résolument leurs concitoyens en dépit de leurs
affections, et probablement aussi de leurs intérêts, celle suivie par la Convention leur est odieuse.
Leurs pères y ont laissé la trace de leur sang, et
à chaque pas ils y croiraient trébucher sur les
ossements blanchis de ces chères victimes. Plutôt
que de s'y engager croyez qu'ils reculeraient de

toutes leurs forces, et qu'ainsi, au lieu d'un appui efficace par l'intelligence et l'influence, vous rencontreriez une résistance désespérée. La déification de cette époque fatale les épouvante profondément.

Inutile de dire que les Genoudistes ne sont pas humanitaires. Ils se méfient on ne peut plus de M. Cabet et de ses vertueux adeptes, rient de M. Fourier, et pensent que la meilleure plaisanterie qu'on pût lui faire serait de fournir des fonds à M. Considérant pour organiser un phalanstère. Madame George Sand est pour eux une admirable faiseuse de romans. Quant à M. Pierre Leroux, c'est à peine s'ils en connaissent le nom.

L'*Univers* est un journal semi-religieux, semi-politique. Il émane du clergé et s'adresse surtout à lui. La société laïque ne s'y rattache qu'en nombre assez restreint de personnes appartenant soit à l'extrémité supérieure de la noblesse, soit à l'extrémité inférieure de la bourgeoisie. Cependant en quelques lieux son influence est dominante par l'intermédiaire du clergé qui tient en ses mains la population rurale de plusieurs provinces.

En outre de ceux qui font partie de cette école par esprit de corps, viennent les quelques hommes

infiniment distingués qui, épouvantés des inco-
hérences du monde moral, n'y trouvent d'issue
que dans le mysticisme, et prennent le parti de
subordonner la société politique à la société religieuse. La valeur de ces hommes ne doit en aucune façon se mesurer à leur nombre. Sachons
d'ailleurs que le clergé renferme des hommes
très-décidément supérieurs. Sa position s'est fort
améliorée à Paris depuis 1830, et son action sur
le peuple impressionnable de cette grande ville
fort augmentée, au grand avantage moral et ma-
tériel de la société, par le moyen de certaines
institutions fort habilement conçues et puissam-
ment ramifiées.

Cette école a l'heureuse fortune d'avoir à sa
tête un jeune orateur d'un mérite extraordinaire,
auquel viendront probablement s'adjoindre dans
la prochaine Constituante quelques hommes nouveaux dans l'arène de la politique, mais non dans
celle de l'éloquence. Je prévois qu'il y aura à cette
place une petite phalange d'orateurs avec lesquels
nul ne pourra peut-être entrer en lutte, si ce n'est
l'homme de génie qui est l'Atlas de notre monde
politique actuel, et auquel il est possible que
l'histoire réserve un jour une des plus glorieuses
pages auxquelles un être mortel puisse prétendre.

La doctrine politique de l'*Univers* n'est basée ni sur le droit divin, ni sur la souveraineté nationale. Il aime assez la liberté politique, considérant qu'elle est fille de l'Évangile, et qu'elle est hors d'état de subsister sans s'appuyer sur la religion. Mais au besoin il saurait s'en passer, pourvu que vous lui donniez la liberté religieuse; celle-ci pleine, entière, sans restriction, sans embûches. Au demeurant, la politique temporelle est par lui reléguée au second plan, et il préférera de beaucoup une bonne loi sur l'instruction à une bonne loi électorale et à un bon système d'impôts. Sa vraie politique est la politique religieuse. Ne l'engagez même pas à se mêler de l'autre : il serait possible qu'il s'y entendît assez mal. Ses yeux sont fixés sur Rome, sur les évêques, sur le dépôt des dogmes et des disciplines de l'Église, qu'il interprète dans un sens d'ultramontanisme absolu. Du haut de l'immuable édifice du catholicisme, il contemple les révolutions des peuples et des empires, sans se passionner pour ou contre aucune d'elles. Il a vécu en paix avec Louis-Philippe. Il s'est peu ému de sa chute. Il n'appelle personne de ses vœux. Il réclame une seule chose, la liberté en matière religieuse.

Si j'ai compris cette école au nombre des trois

qui composent le parti légitimiste, c'est parce qu'en général les membres qui en font partie proviennent du légitimisme par filiation, et surtout parce qu'avec les deux autres elle a contracté l'alliance défensive dont j'ai parlé plus haut; avec cette réserve que cette alliance est toute à son avantage et oblige les deux autres à belligérer pour lui, mais non pas lui à belligérer pour les deux autres. Imaginez une armée dont le principal corps de bataille soit à la *Gazette*, et les deux ailes à l'*Union* et à l'*Univers*, celle-ci renfermée dans un camp retranché qui lui permet, dans des circonstances données, de se suffire à elle-même.

Un temps fut, il est grâce à Dieu loin de nous, où la position de ce camp était beaucoup moins bonne qu'elle ne l'est aujourd'hui. Plusieurs de ses chefs s'étaient imprudemment compromis dans l'arène politique. Ils avaient par conséquent à supporter tout à la fois le désavantage de la défaite et le poids des passions soulevées dans la lutte. En outre le chef suprême lui-même, engagé par sa position de prince temporel d'un petit État criblé d'abus dans une carrière administrative fort au-dessus de sa capacité et de son énergie, en était sorti peu à son honneur, prêtant ainsi à l'équivoque fâcheuse que la religion était ennemie du bonheur et de la liberté des peuples. Aujourd'hui il n'en est plus ainsi. Les desseins de la Providence ont dégagé la religion des étreintes intéressées de la politique, et fait surgir au trône pontifical l'homme illustre et vénéré qui a donné à tout un peuple le signal de la résurrection. Desseins merveilleux qui ont fait coïncider ces grands événements avec d'autres événements plus grands encore, de telle sorte qu'à un monde nouveau il soit facile de se préserver des erreurs et des préjugés qui eussent pu lui dérober sa vraie route sous le nuage de ses passions.

De tout ce que j'ai dit de l'*Univers* ainsi que du catholicisme, on peut inférer que l'avénement de la République n'a rien qui lui soit antipathique. Certaine république est même fort de son goût. Il attend celle-ci à l'œuvre, et la salue courtoisement. Il a pour elle peu de points vulnérables. Le clergé n'est ni riche, ni puissant comme en 89. Il n'aspire même pas à l'être. Son rôle spirituel lui suffit. Mais gardez-vous de l'y aller troubler. Les conséquences en seraient immenses pour vous. Acceptez plutôt l'amitié qu'il vous offre, et croyez que cette amitié vous sera hautement utile, sinon nécessaire.

Il existait un très-grand nombre de légitimistes abonnés à des journaux politiques de nuance orléaniste. C'étaient les traînards et les maraudeurs du parti, dont la prétention était de se rattacher à l'un des trois corps d'armée principaux.

J'ai dit quelques mots du journal de M. Pillet. Je ne dirai rien de celui de M. Walsh que je ne puis regarder comme un journal sérieux. A proprement parler c'est le journal des femmes qui veulent parler de politique. La mine est plus riche qu'on ne pense, et M. Walsh a su parfaitement l'exploiter.

Je viens d'esquisser les éléments divers qui forment le parti légitimiste, et l'esprit avec lequel ce parti a reçu le choc de la révolution dernière. J'ai maintenant à déterminer la conduite que doit tenir la République vis à vis de ce parti, ce qu'elle doit respecter en lui sous peine de se l'aliéner sans retour ; ce qu'elle peut, au contraire, ce qu'elle doit, en un cas donné, légitimement exiger de sacrifices de sa part.

Sacrifice d'abord de tout ce qui est contraire à l'esprit de la démocratie. Sous ce rapport, le travail de démolition ne saurait être long ni difficile, et je ne vois pas que le gouvernement le plus intrépidement logique puisse faire autre chose que ce qui a été fait par le gouvernement provisoire lorsqu'il a aboli les titres et qualifications nobiliaires. Cet acte, de portée politique nulle, puisque les titres, livrés depuis longtemps sans contrôle à la merci de toutes les vanités, n'avaient aucune valeur réelle, ne conféraient aucun droit particulier; cet acte, dis-je, qui a eu pour but de satisfaire la logique d'abord, je veux le croire, et peut-être aussi les passions envieuses de la multitude, a été reçu par l'ancienne noblesse comme on devait l'attendre des fils des gentilshommes de 89, avec une certaine tristesse, de certains sourires, mais en définitive avec un entier esprit de soumission aux nécessités de l'époque. On les a vus même aller au delà de la teneur du décret qui n'a pu porter atteinte qu'aux qualifications prises dans des actes officiels, et nullement à celles qui forment le vocabulaire de politesse des relations de société. J'ai vu des femmes de qualité qui ont effacé immédiatement leur titre sur leurs cartes de visite et même sur la signature de leurs lettres intimes. Quoi que puissent faire les lois et les révolutions, les différents degrés de la hiérarchie nobiliaire conserveront longtemps encore en France une valeur d'opinion, et les noms seront un des plus précieux patrimoines de certaines familles. Faut-il ajouter que la noblesse impériale, grande aussi elle et illustre assurément, a accepté moins stoïquement la destruction d'un hochet qui était neuf entre ses mains ?

Du côté de la bourse, et ce côté est d'ordinaire fort sensible, les sacrifices seront peut-être plus sérieux ; il est évident que sous un bref délai on établira des lois somptuaires qui produiront peu au trésor, parce que la matière imposable est chez nous peu considérable, et qui néanmoins seront fort lourdes à la plupart de ceux qui devront les supporter ; on imposera les chevaux, les chiens, les voitures, les domestiques même peut-être. A moins que cette estimable classe de citoyens et de citoyennes qui dans Paris s'élève au chiffre de cinquante ou soixante mille, qui y possède un club et ses orateurs, ne comprenne que la mesure sera préjudiciable à ses intérêts et ne la fasse échouer par les moyens que la révolution a mis aux mains du nombre.

Il est évident encore que les impôts ordinaires qui chargent la propriété seront fort augmentés, du moins durant les premières années, et sans que pour cela le gouvernement soit livré aux utopistes. Les charges actuelles de l'État sont énormes, impérieuses, et les ressources indirectes fort diminuées ; la propriété devra donc, pour une grande part, faire face aux nécessités du moment ; l'honneur du pays l'exige ; personne n'hésitera. L'impôt d'ailleurs en lui-même n'étant autre chose qu'une prime d'assurance sur les vies et les fortunes, il est tout naturel que la prime soit plus élevée lorsque les risques sont plus grands.

Ce qui est moins naturel, moins évident, ce qui soulèvera des résistances infiniment plus sérieuses, ce qui est plus grave en ce que c'est un système et non un accident, ce qui cependant est assez probable, c'est l'application de la théorie de l'impôt progressif. Les législateurs devront mettre ici une grande sagesse, une grande prudence. Je sais qu'il se présente parfois telle circonstance où les passions aveugles, soulevées en faveur d'un mot qu'elles comprennent à peine, exigent une concession quelconque. Mais les mots sont élastiques ; celui-ci en particulier l'est beaucoup ; et si l'échelle de progression adoptée devait être forte, je n'hésite pas à dire que ce serait une spoliation ; autant vaudrait la loi agraire. Il est certain qu'une telle loi serait éphémère ; l'ordre seul est durable.

Je prévois encore deux lois dont je m'abstiendrai de parler ici; la première, parce qu'elle concerne une classe spéciale de citoyens à laquelle je suis étranger, et pour laquelle il ne m'appartient pas de réclamer; la seconde, parce qu'on n'y songe pas encore et que je ne veux pas y faire songer. Celle-ci, d'ailleurs, n'est pas d'une application immédiatement réalisable, et par le temps où nous vivons l'avenir est bien loin de nous.

Tel est le bilan, je crois, à peu près exact des dettes légitimes que le parti devra payer à l'ordre de choses nouveau. En conduisant les choses avec mesure, ce compte se réglera, j'en ai la conviction, au profit de l'alliance commune; réciproquement la République reste chargée envers le parti d'une dette immense, sacrée, qui, si elle n'est pas loyalement acquittée, rendra le divorce inévitable. Cette dette se résume en un seul mot : l'ordre. Rien de plus, mais aussi rien de moins.

Remarquez, je vous prie, que ce grand mot ne désigne pas le privilége de quelques-uns, mais plutôt le patrimoine inaliénable de la nation tout entière.

Autrefois l'organisation de la société était complexe; elle est aujourd'hui de la plus extrême simplicité que l'imagination puisse concevoir.

L'édifice tout entier repose sur deux colonnes : dans l'ordre des intérêts matériels, la propriété ; dans l'ordre des idées morales, la religion.

La dernière révolution a été une grande surprise : quelques penseurs avaient pu pressentir que le régime orléaniste n'était autre chose qu'une transition de la royauté à la République ; mais ils lui croyaient encore quelque dix ou vingt années d'existence probable. L'homme, non pas sans doute le plus éloquent, mais peut-être le plus profond de notre temps, avait bien pu jeter lors de la discussion de la dernière adresse ces paroles prophétiques : — « Vous refusez une réforme politique, vous préparez une révolution sociale. » Ils ne l'avaient pas écouté ; lui-même se croyait fort éloigné de la catastrophe. Les fautes de Louis-Philippe ont précipité l'issue au delà de toutes les prévisions ; mais aussi, quelles fautes !

Il en était venu à s'enivrer de lui-même par les prospérités de la paix, comme Napoléon par les prospérités de la guerre.

Il avait oublié son origine ; il avait construit son échafaudage en dehors de l'opinion, sur le terrain mouvant des intérêts personnels ; l'échafaudage s'est écroulé, et l'a écrasé sous ses débris.

Quelle illusion ! quel entêtement ! quelle méconnaissance de sa position! quelle infatuation! quelle chute!

Le matin même du jour où s'est faite la révolution, personne n'y croyait; fort peu désiraient la République. Le lendemain chacun l'avait acceptée: chacun saluait avec anxiété et respect la noble et vaillante figure de M. de Lamartine haranguant le peuple au perron de l'Hôtel de Ville. A ce point que madame la duchesse d'Orléans, femme de grand courage, qui n'a quitté Paris qu'après la destruction de sa dernière espérance, en est partie avec ses deux fils le samedi soir, triste témoin de la chute de dynastie la plus rapide, la plus profonde, la plus irrévocable qui ait peut-être jamais existé.

Pourquoi donc cette adhésion si prompte à un régime la veille encore si suspect à presque tous? Était-ce l'effet de cet enthousiasme subit, de cette étincelle électrique que fait souvent sentir le contact d'une foule émue? Pas le moins du monde, je vous jure.

Pourquoi? — Je vais vous le dire; mon Dieu, tout simplement on avait eu peur.

Ah! c'était en effet un effrayant spectacle que de voir Paris aux mains de la Bohême, livré, pieds et poings liés, à cette force immense, sauvage, sans frein. Paris, c'est-à-dire la fortune de la

France. Ceux qui ont assisté à ce grand et terrible spectacle ne l'oublieront de leur vie.

La pensée instantanée de chacun fut alors : *Vive la République!* cent fois *Vive la République!* si c'est à ce prix qu'on calme la bête et qu'on la fait rentrer dans ses asiles.

Hélas! elle y rentrera peut-être; mais ce sera avec le sentiment de sa victoire, le sentiment désormais indestructible de sa force et de notre faiblesse. Aussi voyez comme tous les visages sont mornes et consternés; on sent qu'il y a de grands périls suspendus au-dessus de nos têtes.

On a beaucoup flatté le peuple, cela devait être; l'adulation est le cortége ordinaire de la puissance. Si vous voulez savoir sur lui la vérité, la voici : le peuple n'est pas mauvais; il est intelligent, généreux, probe, susceptible de discipline. Rien n'était plaisant comme de voir ces hordes de souverains subir les gourmades d'un enfant de Saint-Cyr ou de l'École polytechnique; mais, prenez garde, tout à l'heure ce sera peut-être une bête féroce. C'est l'histoire de ce lion apprivoisé dans la gueule duquel son maître passait sa tête : voici qu'un jour un bouton laisse tomber une goutte de sang sur la langue de l'animal, celui-ci serre les mâchoires et la tête est dévorée.

La bête est maintenant assoupie, mais elle reparaîtra bientôt, n'en doutez pas, irritée, hurlante, affamée, altérée de sang, j'oserais presque dire quand et pourquoi. Il faudra alors l'attaquer de front, la combattre résolument et la vaincre, sinon nous serons dévorés.

Pour qui sont ces périls, je vous prie ? Pour les légitimistes seuls ou pour la société tout entière ?

Car ici le front de bataille est infiniment plus large qu'en 93 : il ne s'agissait alors, à vrai dire, que du sort de quelques corps avancés qui ont été détruits, ou, pour parler plus juste, qui sont rentrés dans la ligne principale. Aujourd'hui c'est celle-ci elle-même qui est appelée à supporter le choc ; si elle est rompue, la déroute sera immense, irréparable.

C'est donc un grand crime, ou tout au moins une grande erreur que d'exciter les passions de la foule, que d'habituer son imagination à l'idée du sang, que d'exciter en elle des espérances insensées, au moment surtout où la société, frappée d'épuisement, est moins en état de les satisfaire, que de jeter en avant des idées de nature à porter la division dans nos rangs, et par conséquent à nous affaiblir. C'est une grande erreur que de faire ces choses sans nécessité, surtout de la part

de ceux qui ont une mission de gouvernement,
c'est-à-dire de pacification et d'ordre.

Il y a peu de jours, rentrant dans ma province,
j'ai assisté au discours d'inauguration d'un commissaire dans une petite ville chef-lieu d'un dé-
partement calme et paisible.

Le commissaire, haranguant le peuple, com-
mentait la devise actuelle : Liberté, Égalité, Fraternité.

— « Fraternité, leur disait-il, est la mise en
pratique des sublimes préceptes de l'Évangile ;
c'est ce que votre clergé vous prêche chaque jour.
Citoyens, j'ai le plus grand respect pour le bas
clergé : la mission du gouvernement actuel sera
de l'émanciper, de le tirer de l'état d'oppression
où le tiennent ses supérieurs.

« Égalité, c'est le droit qu'ont tous les citoyens
de vivre ; le devoir de la société sera d'y pourvoir
au moyen de travail pour les valides, de pen-
sions de retraite pour les invalides et les vieillards.

« Liberté, c'est le droit de tous de prendre part
au gouvernement ; vous allez bientôt l'exercer.
Sachez nous envoyer des représentants qui soient
ardemment dévoués à la République, sans quoi
l'Assemblée se scindera en deux camps comme en
93, les difficultés surgiront, et alors nous qui

sommes les plus doux des hommes, nous qui vous demandons la modération à genoux, nous n'hésiterions pas à saisir la hache ! »

J'ai honte d'ajouter que la foule, hier encore bonne et paisible, applaudit ces paroles avec frénésie.

Fi ! monsieur le commissaire ; vous qui vantiez tout à l'heure l'abolition de la peine de mort, vous ne faisiez donc qu'une parade sentimentale ? Je sais que vous êtes un homme d'honneur et de cœur ; je sais que votre vie privée est hautement respectable, et je rends un hommage sincère à vos grandes qualités. Mais avouons que votre esprit se laisse entraîner à d'étranges incartades. Les vrais républicains sont ceux qui veulent allier la République avec la doctrine et la discipline de l'église catholique, sans y porter la sizanie ; avec la propriété, telle qu'elle ne soit pas une déception amère, une illusion vide de sens ; avec la liberté armée d'une branche d'olivier, et non d'une hache sanglante : ceux-ci, croyez-moi, sont les vrais amis, les autres sont les sycophantes.

Plusieurs disent que la douceur de nos mœurs rend impossible le retour des excès de la terreur. Je n'oserais l'affirmer. Mais ce que j'affirme hardiment, c'est que le jour où la République en-

sanglanterait un échafaud, elle signerait son acte
d'abdication. Ce jour-là serait pour elle le com-
mencement de la fin.

J'aborde un sujet plus calme et plus fait pour
reposer l'esprit, celui de la ligne de conduite que
suivront les anciens légitimistes à travers les événements. Cette conduite, je crois l'avoir démontré,
sera droite, franche, dévouée sincèrement et sans
arrière-pensée à la République, en tant que celle-
ci sera régulière, sinon radicalement hostile. Rien
chez eux d'exclusif, rien de particulier dans leurs
exigences. Que la curée se fasse sans eux. Ils n'y
prétendent pas. Leur cause se confond avec celle
des amis de l'ordre. Le peuple qui leur est suspect, celui dont ils regardent l'explosion comme
une calamité sociale, ce n'est pas le peuple qui
les entoure, le peuple de leurs provinces qui les
connaît, les aime et a confiance en eux; mais bien
le peuple de Paris, force immense autant qu'a-
veugle, sujette à jeter la société hors des voies
régulières; assemblage bizarre de vices et de vertus extraordinaires. Cette force, ils ne veulent pas
la détruire, mais l'éclairer par le christianisme,
seule solution du mystère des inégalités humaines.
Ce peuple, ils ne veulent pas l'opprimer, mais

l'appeler dans les voies d'une liberté féconde qui neutralise ses mauvais penchants et développe ses bons instincts. Ils ne veulent pas le livrer aux mains d'un gouvernement qui semblable à un tuteur infidèle, prolonge l'enfance de son pupille afin de jouir de son bien. Ils veulent l'élever par l'éducation, le soutenir en frère par le travail, mais dans les limites du possible, et non de l'utopie. D'accord avec l'école entière des économistes sérieux, ils regardent que l'organisation du travail, redoutable problème à l'aide duquel on semble se faire un jeu de soulever les masses, n'a jusqu'ici guère servi qu'à prêter un texte aux déclamations de quelques têtes creuses; et qu'en ceci, comme en beaucoup d'autres choses, la puissance de l'homme vient se briser contre celle de la liberté. Ils croient que le pacte social, loi commune des fils d'Adam, s'il ne pare pas à toutes les misères, à toutes les douleurs, apanage inévitable de notre triste humanité, est encore, à tout prendre, celui qui en tarit le plus grand nombre d'une manière lente peut-être, mais sûre et progressive. La société mise au pillage n'est pas pour eux une solution. C'est une destruction stérile, c'est un retour à la barbarie; et voilà tout.

A tous ceux qui partagent avec eux cette

croyance, leur concours loyal est assuré sans autre salaire que celui du bien commun, et leur appui pèsera d'un poids efficace dans la balance où se pèsent les destinées du pays. S'il faut parler en termes plus précis, on les trouvera tels que je viens de dire au double rendez-vous que la liberté leur assigne et où se décidera notre sort : le corps de garde et le scrutin.

Plus tard, lorsque la société sera sortie victorieuse de la crise douteuse où elle est engagée, lorsque les fondements étant mis hors de péril il s'agira de construire le difficile édifice de la Constitution, deux écoles se trouveront en présence : celle qui n'a rien oublié ni rien appris depuis 93, qui prétend copier servilement toutes les allures de cette époque sinistre ; et d'autre part, celle qui se rattache à un modèle plus pur et plus vivace. J'entends ici parler de l'école américaine.

Sur ce sujet capital, les anciens légitimistes n'ont pas encore leur mot. La grande masse en est venue à la démocratie moins par l'étude des livres sérieux que par la lecture de son journal ; et ce journal, forcément cantonné jusqu'ici dans le système de la royauté, par prudence sans doute, et pour ne pas les offusquer, a tenu en réserve le nom de l'école à laquelle il appartient de fait, ainsi que de l'homme éminent qui en est le chef légitime.

Quand les premières surprises se seront dissipées, que chacun se sera reconnu et classé, je pense que la phalange légitimiste passera tout entière du côté des idées américaines. Elle reconnaîtra qu'une assemblée unique et souveraine est moins un gouvernement qu'un expédient; que les démocraties, trop impétueuses de leur nature, ont besoin d'être retardées dans leur marche par un double système de représentation; que l'unité ne saurait être obtenue sans un chef; que la force des choses finit toujours par en créer un, et que mieux vaut l'élire directement en définissant soigneusement ses pouvoirs que de le laisser se créer lui-même avec des pouvoirs indéfinis. Ceux qui ne veulent pas un président se préparent un dictateur.

Il va sans dire que la différence des deux pays ne sera méconnue de personne. Nul, que je sache, ne songe à contester que la position européenne de la France ne soit fort différente de la position isolée de l'Union américaine, et que cette différence ne doive entraîner certaines dissemblances dans l'organisation intérieure des deux pays. Les mœurs d'ailleurs, les habitudes, ne sont pas identiques. Toutes choses assurément dont il faudra tenir compte sous peine de faire une œuvre caduque. Imiter ne veut pas dire copier.

L'essence des deux pays est la même. Dans l'un et l'autre, c'est cet étonnant phénomène de la démocratie parvenue à sa dernière limite de puissance, en pleine jouissance d'elle-même, sans entraves, sans digues, sans modérateur. Autour de nous, l'Europe s'agite, livrée aux attaques de la même force qui chez nous est désormais victorieuse. Nous voyons chaque jour avec une surprise mêlée de joie et de terreur s'écrouler quelque pan de l'ancien monde. Pendant que j'écris ces lignes, la capitale des nouveaux Césars succombe sous ce flot irrésistible. C'est une mer qui croît sans cesse, qui monte sans jamais s'arrêter, et dont l'œil de la pensée ne saurait plus fixer les rivages. Spectacle d'un grandiose extraordinaire qui n'a de comparable dans les annales de l'humanité que la fondation de la domination romaine, l'établissement du christianisme, ou l'envahissement de l'empire par les barbares. Où allons-nous ainsi ? — Vers l'inconnu.

Un homme d'un esprit supérieur, plutôt amer qu'optimiste, d'une expérience consommée, d'une clairvoyance profonde, M. le comte Molé, disait dernièrement dans une conversation intime : — « Je ne prétends pas nier les périls qui nous environnent de toutes parts. Nous avons perdu notre voie. Une chose toutefois me rassure et me donne espoir : c'est l'accord de tous les honnêtes gens, tel que dans ma longue carrière je n'ai jamais rien vu de semblable. »

Heureuse fortune de la jeune République, de rencontrer ainsi à son entrée dans le monde une amitié sur laquelle véritablement elle devait peu compter; une amitié de la meilleure espèce, de celles qui l'attireront vers le bien et l'éloigneront du mal; une amitié désintéressée; une amitié enfin de bonne compagnie. Jusqu'ici en France, ses accointances avaient été un peu vulgaires, aussi avait-elle contracté quelques habitudes brutales. Je me flatte maintenant que nous allons lui voir prendre des manières douces et civilisées, en dépit du barbare jargon qu'elle affecte parfois d'employer.

Peut-être est-ce ici un des plus grands bienfaits providentiels du règne de Louis-Philippe. En 1830, l'alliance eût été complétement impossible. Il a fallu la transition du régime orléaniste, ses fautes, les rapprochements causés par une opposition commune; il a fallu surtout les réflexions

successives du parti légitimiste sur la nature et
l'origine du pouvoir en général, ses modifications
d'idées, ses déceptions d'espérances, pour produire l'heureux concours de circonstances qui
apporte les meilleures chances qu'il soit possible
d'imaginer à l'épreuve la plus téméraire qui se
soit jamais produite, et à la combinaison politique
de sa nature la plus exposée au désordre, les éléments d'ordre les plus complets, les plus éner-
giques. Si vous perdez la partie cette fois, cela
voudra dire que vous êtes de malhabiles gens,
ou bien donc qu'elle est au-dessus des forces
humaines. Sachez qu'au tribunal de l'histoire
vous n'échapperez pas à ce dilemme.

Je ne puis me défendre de terminer ce travail
par quelques considérations sur les destinées his-
toriques et sociales du parti légitimiste. Il est évident que ce parti est, pour emprunter une ex-
pression d'un grand historien, la prolongation
historique de l'aristocratie française. Comment
cette aristocratie, la plus illustre peut-être et à
coup sûr la plus puissante de toutes, en est-elle
venue à périr ainsi la première, à succomber
misérablement; de telle sorte que dans l'esprit
du pays bien des personnes l'aient confondue

avec son ennemi naturel, son adversaire constant et acharné, le despotisme? — Tandis que l'aristocratie anglaise, sa cadette de beaucoup, sa fille même, lutte encore avec éclat et énergie, sinon avec succès, contre la tendance universelle qui emporte l'humanité. La réponse à ceci est dans l'histoire.

Issue d'une conquête comparativement encore récente, l'aristocratie anglaise fut contrainte à son début, pour garantir son existence au sein du peuple vaincu, de s'organiser militairement autour de son chef suprême, le roi, et de donner par cela même à ce chef un pouvoir prépondérant tant que le fait de la conquête put être exposé à contestation. Ce point est parfaitement mis en lumière dans l'histoire de M. Michelet. Lorsque ensuite la position des conquérants au milieu du pays se trouva solidement établie, la noblesse ne tarda pas à prendre ombrage de l'omnipotence royale; elle obéit à cette loi éternelle qui veut que si trois puissances distinctes, le roi, la noblesse et le peuple, sont en présence, les deux plus faibles se coalisent entre elles afin de faire équilibre à la plus forte. Ainsi s'est contractée de bonne heure l'alliance nationale de l'aristocratie et du peuple anglais contre la royauté. Ainsi a commencé cette lutte déjà pleinement engagée sous le règne de Jean, qui s'est prolongée avec des fortunes diverses durant plusieurs siècles, pour aboutir à la catastrophe qui termina le règne de l'infortuné Charles Ier, et finalement à ce que les Anglais appellent l'ère georgienne. — Singulière époque où l'expansion de leur puissance extérieure semble correspondre à l'avilissement définitif de la royauté.

De cette lutte victorieuse, soutenue au nom et avec l'arme puissante de la liberté, l'aristocratie anglaise a recueilli des avantages immenses, l'habitude d'agir en commun et avec ensemble, l'entente des institutions parlementaires, la richesse, la force; et ce qui est plus que tout cela la reconnaissance du peuple qui, associé à la lutte, en a partagé les avantages, sa confiance envers les chefs qui l'ont guidé, et qui heureusement trop faibles pour qu'aucun d'eux songeât à se faire une position politique isolée, ont constamment été fidèles au drapeau sacré de la nationalité.

Chez nous rien de tel. A l'heure où débute, faible encore, l'aristocratie anglaise, la nôtre est dans tout son éclat. Le roi d'Angleterre lui-même est un de ses membres. Le pays lui appartient. Elle l'a morcelé à son profit en grands fiefs, en provinces à peu près indépendantes, au milieu desquelles le roi débile et impuissant, qui est censé son chef, subit l'étreinte la plus dure, et semble plus d'une fois en péril d'être écrasé. Il se dégage cependant peu à peu, lentement, avec effort, grâce au clergé, grâce aux légistes. Dès lors la ligue faite en Angleterre entre les deux faibles contre le fort se forme en France entre le peuple et le roi contre les grands vassaux. Les communes émancipées par le roi se rattachent à lui comme au vrai centre de leur nationalité. Les grands résistent. Mais assez forts dans le principe pour agir isolément, ils perdent peu à peu l'instinct de la nationalité et finissent par l'oublier entièrement. Subjugués l'un après l'autre après avoir méconnu jusqu'à la fin les inspirations du patriotisme, et cherché leur point d'appui hors de nos frontières, ils succombent enfin sous la main puissante de Richelieu, et laissent la royauté Louis-quatorzienne en possession d'une victoire assez complète pour lui faire oublier qu'elle la doit en partie au concours du peuple. Témoin de grandes merveilles suivies de grandes ignominies, le peuple s'éveille tout à coup après plus d'un siècle d'assoupissement. Il se lève debout devant la royauté et lui demande compte de sa puissance, de ses désordres. Éperdue, la royauté croit trouver un point d'appui dans sa noblesse. Appui fragile! Il est trop tard. La noblesse n'existe déjà plus que de nom. Elle a perdu tout ce qui fait la force, tout, fors l'honneur. Elle est renversée en une seule nuit, hors d'état d'essayer une résistance, et demeure gisante au sol comme un cadavre auquel les efforts inintelligents de la restauration n'ont pu rendre une vie perdue sans retour. Si bien que la restauration elle-même est morte à la peine, victime, hélas! de son épreuve insensée.

Je me persuade qu'il en est de l'humanité comme de la croûte terrestre qui lui sert de demeure. A de certaines époques rares et solennelles, celle-ci s'agite et se déchire sous l'effort du feu intérieur qui sourdement la dévore. Les montagnes se dressent alors d'un seul coup avec toutes leurs ramifications diverses, les mers changent de lit, les continents s'engloutissent. Lorsque enfin la nature épuisée s'arrête, le globe paraît sillonné, dominé de toutes parts, déchiré en tous sens et portant l'empreinte des convulsions qu'il a subies. De ce moment commence un travail en sens inverse, que je ne saurais mieux caractériser qu'en citant les lignes suivantes d'un mathématicien écossais :

« Tout descend et rien ne remonte. Tous les

corps durs se décomposent et aucune masse molle, aucune terre meuble ne se consolide. Les forces qui tendent à conserver et celles qui tendent à changer l'état de la surface du globe ne sont pas en équilibre. Ces dernières sont les plus puissantes, elles sont les forces vives. Les autres sont comme des forces mortes. Cette loi de dégradation est une de celles qui ne souffrent pas d'exception.

« On ne saurait objecter contre la réalité de cette marche sa lenteur qui la rend comme insensible aux yeux de l'homme. Ce que nos observations peuvent en constater n'est qu'une quantité évanescente en comparaison du tout. Ce n'est que l'accroissement instantané d'une immense suite, qui n'a d'autres limites que celles de l'existence du monde. Le temps intègre cet élément infiniment petit, il somme les termes de la suite, et la grandeur du résultat étonne notre imagination. » (Playfair, *Illustrations of the Huttonian theory*.)

Au château du Grégo, 23 mars 1848.

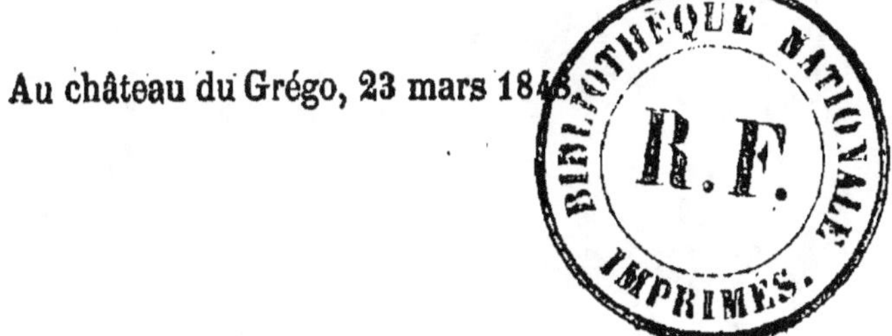